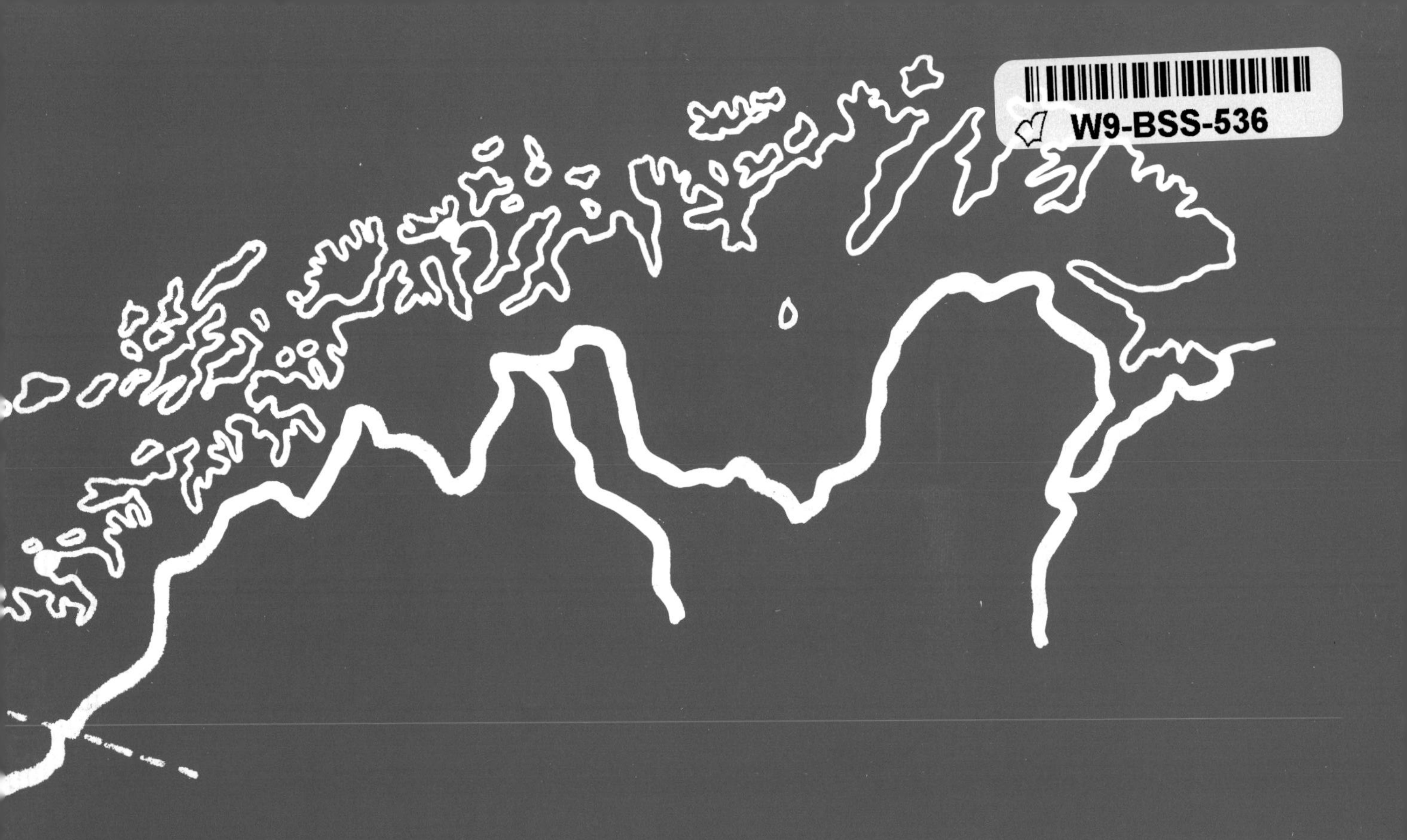

Publisher Normann Kunstforlag A/S
Rolfstangveien 12, 1330 Oslo Lufthavn
Tlf. +4 72 58 71 50

Printed 1991 at Centraltrykkeriet Grafisk Service AS, Bærum, Norway
Text: Jac Brun. Layout: Dino Sassi
ISBN 82 7182 075-3 hardback
ISBN 82 7182 076-1 paperback
Art. No. 100/250 hardbak
Art. No. 100/251 paperback

NORGE

NORWAY – NORWEGEN – NORVÈGE

Fotografiene til denne bok er i det alt vesentlige hentet fra fotoarkivet hos Mittet Foto A/S og tatt av følgende fotografer som er eller har vært ansatt i dette firma: Jac Brun, Terje Bakke Pettersen, Pål Bugge, Siro Leonardi.

Forøvrig er følgende bilder stilt til disposisjon av andre: Side 5 Atelier Rude, Oslo. Side 44; Harry Nor-Hansen, Stavanger. Side 45: Jan Løtvedt, Bergen. Side 65: Myntkabinettet, Oslo. Side 68: arkitekt Torgeir Suul, Trondheim. Side 84, 85 og 86 øvest: Rolf Holgersen.

Most of the photographs in this book are from o Mittet Foto A/S. The photographers, all of whom are or have been employed by Mittet Foto A/S, are: Jac. Brun, Terje Bakke Pettersen, Pål Bugge, Siro Leonardi.

In addition the following pictures were made available by others: page 5: Atelier Rude, Oslo. Pate 44: Harry Nor-Hansen, Stavanger. Page 45: Jan Løtvedt, Bergen. Page 65: Myntkabinettet. Oslo. Page 68: architect Torgeir Suul, Trodheim, pages 84, 85 and top of page 86: Rolf Holgersen.

Die Photos zu diesem Buch stammen zum größten Teil aus dem Bildarchiv der Mittet Foto A/S; sie sind das Werk folgender Photographen, die Mitarbeiter dieser Firma sind oder waren: Jac. Brun, Terje Bakke Pettersen, Pål Bugge, Siro Leonardi.

Im übrigen, sind folgende Bilder von anderer Seite zur Verfügung gestellt worden: Seite 5: Atelier Rude, Oslo. Seite 44: Harry Nor-Hansen, Stavanger. Seite 45: Jan Lötvedt, Bergen. Seite 65: Myntkabinettet, Oslo. Seite 68: Architekt Torgeir, Suul Thondheim. Seite 84, 85 und 86 oben: Rolf Holgersen.

Les photographies de cet album, presque toutes tirées des archives de Mittet Foto A/S, ont été prises par des photographes qui font ou ont fait de cette société: Jac.Brun, Terje Bakke Pettersen, Pål Bugge, Siro Leonardi.

Un certain nombre de photographies sont néanmois l'oeuvre d'autre artistes: page 5: Atelier Rude, Oslo. Page 44: Harry Nor-Hansen, Stavanger. Page 45: Jan Løtvedt, Bergen. Page 65: Myntkabinettet Le Cabinet des Médailles. Oslo. Page 68: Torgeir Suul, architecte, Trondheim. Pages 84, 85 et haut de la page 86: Rolf Holgersen.

Kong Harald V.

His Majesty King Harald V.

König Harald V.

Sa Majesté le roi Harald V.

NORGE

Beliggenhet og klima

Norge er det nordligste land i verden som er befolket. Med sin beliggenhet mellom ca. 58° ved Lindesnes og 81° ved nordspissen av Svalbard skulle en tro at det ikke var mulig for mennesker å bo her, og sammenlikner vi med andre steder mellom de samme breddegrader, finner vi at den isdekte sydspissen av Grønland ligger på samme breddegrad som Oslo, og den magnetiske nordpol ligger lenger syd enn Svalbard, omtrent på samme breddegrad som Bjørnøya.

Takket være Golfstrømmen som fører temperert vann fra Mexico-golfen, over Atlanterhavet og opp langs hele den norske kyst, har landet et klima som kan sammenliknes med klimaet i de øvrige land i Vest-Europa.

Befolkning og primærnæringer

Etter den siste istid ble landet befolket av primitive jegere og fiskere som slo seg ned i huler langs kysten. Senere lærte de seg til å dyrke jorden. De bygget seg smekre skip som kunne krysse de store verdenshav, og vikingene er berømt for sine stolte skip og sine ville ferder både over Nordsjøen til England, over Østersjøen til randstatene Estland, Letland og Litauen, sørover til Nord-Frankrike og helt til Sicilia hvor vi enda kan finne spor av nordmannernes kultur i de store katedraler.

Sjøen har således alltid spilt en stor rolle i nordmennenes daglige liv. Det var havet og fjordene som var deres naturlige ferdselsvei som bandt dem sammen, og således har Norge til alle tider vært blant de ledende sjøfartsnasjoner.

De store flatbygder på Jæren, på Østlandet og i Trøndelag ble etter hvert lagt under plogen. Det ble funnet edle metaller i de norske fjell, og etterhvert vokste det opp industribyer der hvor fossene ga rimelig vannkraft til maskinene. Senere kom elektrisiteten som betydde mye for den industrielle utvikling, og i våre dager har moderne teknologi gjort det mulig å bore etter olje ute i Nordsjøen.

Historisk oversikt

Norge ble første gang samlet til ett kongerike i 872 og var et selvstendig kongedømme frem til 1397. Senere har landet hatt en skiftende historie delvis med konge sammen med Danmark, delvis med Sverige. Fra 1814 har Norge hatt sin egen grunnlov og fra 1905 sin egen konge og sitt eget flagg.

Stortinget er landets lovgivende forsamling.

Norges konge heter Olav V.

Religion

Norge hadde sin egen primitive norrøne mytologi fra førhistorisk tid og frem til 1030 da kong Olav den Hellige innførte kristendommen med hård hånd. Idag hører den norske statskirke til den Luther-reformatoriske kirke, og landet har religionsfrihet med en rekke mindre kirkesamfunn.

Vegetasjon og utstrekning

Som før nevnt ligger Norge langt mot nord, men den fuktige og milde sydvestlige vind som stadig kommer inn over landet, gir gode betingelser for folk og vekster. Landet er selvforsynt med de fleste landbruksprodukter, og ¼ av landet er dekket av skog som gir materialer til husbygging og celluloseindustri. Skogen går i Syd-Norge opp i ca. 800 meters høyde over havet, og over skoggrensen går de høyeste fjellene opp i over 2000 meters høyde over havet med Galdhøpiggen i Jotunheimen som høyeste punkt med 2469 meter over havet. På de høyeste fjellene ligger den evige sne, og enkelte steder ligger store isbreer igjen, som levninger fra den siste istiden. Den største av dem, Jostedalsbreen er 74 km lang og 815 km^2 i utstrekning.

Norge er et langstrakt land med sine 1752 km fra Lindesnes til Nordkapp, men følger vi landets kystlinje fra Svenskegrensen i syd til den russiske grense i nord, får vi en reise på 21 112 km å tilbakelegge. I dette landet på vel 386 000 km^2 lever ca. 4 millioner mennesker.

Kultur

Vikingene er berømt for sine ville krigerske ferder mens det er mindre kjent at de også drev handel og var viktige kulturspredere i de nordlige farvann.

Det lille vi har igjen av deres skip, husgeråd og smykker vitner om en høyt utviklet kultur, og denne ser vi videreført i stavkirkene. I de senere århundrer har Norge fostret berømte kulturpersonligheter som musikerne Ole Bull og Edvard Grieg, forfatterne Bjørnstjerne Bjørnson, Henrik Ibsen og Knut Hamsun, polarforskerne Fridtjof Nansen og Roald Amundsen, maleren Edvard Munch og skulptøren Gustav Vigeland.

I våre dager har Thor Heyerdahl holdt hele verden i spenning under sine seilaser med Kon-Tiki flåten og sivbåtene Ra I og Ra II.

Den norske kongekrone.

Crown of the King of Norway.

Die norwegische Königskrone.

Couronne royale norvégienne.

Riksbanneret.

The imperial banner.

Das Reichsbanner

Bannière du royaume.

Stortinget.

The Storting (Parliament).

Storting (Parlament)

Le Storting (Parlement).

NORWAY

Location and climate

Norway is the most northerly populated country in the world. It is hard to believe that, extending as it does from a latitude of about 58°N at Lindesnes to 81°N at the northern tip of Svalbard (Spitsbergen), it could be suitable for human habitation. Indeed, a comparison with other regions in the same latitudes reveals that the ice-covered southern point of Greenland is on the same latitude as Oslo and that the magnetic North Pole is actually south of Svalbard, being on about the same latitude as Bear Island.

Thanks to the Gulf Stream, however, which conveys warm water from the Gulf of Mexico right across the Atlantic and up the entire length of the Norwegian coast, Norway enjoys a climate not unlike that of the other countries of Western Europe.

Population and primary industries

When the last Ice Age finally released its grip, Norway was settled by primitive hunters and fishermen, who made their homes in caves along the coast. Later, they learned how to till the soil and, later still, to build fast, graceful ships capable of crossing the oceans of the world. The Vikings are renowned for their proud, square-sailed longships and their ferocious forays not only across the North Sea to England but also across the Baltic to Estonia, Latvia, and Lithuania, south to northern France, and round into the Mediterranean, where traces of Norse culture are still to be seen in the great cathedrals.

The sea has always been an important and integral part of daily life in Norway. The ocean and the fjords were natural arteries for the Norwegians, uniting them instead of dividing them, with the result that throughout its long history Norway has been one of the leading maritime nations of the world.

With the passage of time the wide, level expanses of land in Jæren in the southwest, like the rolling countryside of East Norway and Trøndelag, were brought under the plough. Silver and other metals and minerals were discovered in the mountains, and small industrial towns grew up wherever fast-flowing rivers and thundering waterfalls were available nearby to provide cheap power for the factories and machinery. When, later, the falls were harnessed to yield electricity, industrial expansion gained new impetus, with the result that today modern technology has made it possible to drill for oil and gas far out in the North Sea.

History

Norway was first united under one ruler in 872, and it remained an independent kingdom until 1397. From then and right up to modern times it had a chequered history as a dual monarchy, for most of the time together with Denmark, but also for a period with Sweden. Since 1814 Norway has had its own Constitution, and since 1905 its own king and national flag; the reigning monarch is Olav V. The National Assembly (Parliament) is called the Storting.

Religion

In prehistoric times and up to 1030, when King Olav II Haraldsson, who was later canonised, ruthlessly Christianised the country, Norway had its own primitive Norse mythology. Today, the established church is Lutheran-Evangelical, but complete religious freedom exists, and there are many minor churches and sects.

Vegetation and topography

As has been said, Norway is situated far to the north, but the prevailing southwest wind, mild and damp as it is, ensures a pleasant climate and is favourable to agriculture and farming. The country is self-supporting as regards most agricultural products, and one-fourth of the land area is covered by forests, which yield raw materials for building and for the pulp and paper industries. In the south the treeline runs at an altitude of some 800 metres above sea-level; the highest peaks soar to heights of over 2000 metres, with Galhøpiggen, in the Jotunheimen range, topping them all at 2469 metres. Such summits are snow-capped all the year round, as are the gigantic glaciers which here and there thrust their way relentlessly down the mountainsides, imposing relics of the last Ice Age; the biggest, the Jostedal Glacier, is 74 km long and 815 sq km in extent.

The mainland of Norway is elongated to a degree, extending from Lindesnes in the south to North Cape in the north, a distance as the crow flies of 1752 km. But a journey that followed all the ins and outs of the coastline from the Swedish border in the southeast to the Russian border in the northeast would cover no less than 21 112 km. The population of Norway, a country with a land area of 386 000 sq km, is about 4 million.

Culture

The Vikings are mostly remembered for their maraudings, but it is less widely realised that they were also great traders and important bearers of culture in the countries bordering on the North Sea and the Baltic. What little has come down to us of their ships, household utensils, jewellery, and ornaments testifies to a highly developed civilisation, a heritage preserved and developed in Norway's stave churches. Within the last hundred years or so Norway has fostered many famous men and women, outstanding personalities who have achieved worldwide recognition in many different fields. Suffice it to mention Ole Bull and Edvard Grieg (music); Bjørnstjerne Bjørnson, Henrik Ibsen and Knut Hamsun (literature); Fridtjof Nansen and Roald Amundsen (polar exploration); Edvard Munch (painting); and Gustav Vigeland (sculpture).

In recent years Thor Heyerdahl has held the world enthralled with his epic voyages on the balsa raft Kon-Tiki and his reed boats, Ra I and Ra II.

Karl Johansgate 17. mai.

A Constitution Day (17 May) parade on Karl Johans gate, Oslo's principal thoroughfare.

Karl Johans gate, 17. Mai.

L'avenue Karl Johan, le jour de la fête nationale. le 17 mai.

NORWEGEN

Lage und Klima

Norwegen ist das am nördlichsten gelegene bevölkerte Land der Welt. Angesichts seiner Lage zwischen den Breitengraden von ca. 58° bei Lindesnes und 81° an der Nordspitze von Svalbard sollte man glauben, dass es für Menschen nicht möglich sei, hier zu wohnen, und ziehen wir Vergleiche mit anderen Gebieten zwischen den gleichen Breitengraden, dann finden wir, dass die eisbedeckte Südspitze von Grönland an demselben Breitengrad liegt wie Oslo, und der magnetische Nordpol liegt südlicher als Svalbard, ungefähr am gleichen Breitengrad wie die Bäreninsel.

Dank dem Golfstrom, der temperiertes Wasser vom Golf von Mexiko her über den Atlantik und hinauf die ganze norwegische Küste entlang führt, hat das Land ein Klima, das sich mit dem Klima in den übrigen Ländern West-Europas vergleichen lässt.

Bevölkerung und wesentliche Erwerbszweige

Nach der letzten Eiszeit wurde das Land von primitiven Jägern und Fischern bevölkert, die sich in Höhlen längs der Küste niederliessen. Später lernten sie, den Boden zu bestellen. Sie bauten schmächtige Schiffe, die die grossen Weltmeere durchkreuzen konnten; die Wikinger sind berühmt wegen ihrer stolzen Schiffe und ihrer wilden Fahrten über die Nordsee nach England, über die Ostsee nach den Randstaaten Estland, Lettland und Litauen, südwärts nach Nord-Frankreich und bis nach Sizilien, wo wir noch heute Spuren der Kultur der Normannen in den grossen Kathedralen finden.

Die See hat somit im täglichen Leben der Norweger stets eine grosse Rolle gespielt. Das Meer und die Fjorde waren ihre natürlichen Verkehrswege, die sie befuhren, sie auch zusammenhielten. So gehörte Norwegen zu allen Zeiten zu den führenden Seefahrtsnationen.

Die grossen Ortschaften auf dem platten Lande, in Jæren an der westnorwegischen Küste, in Ost-Norwegen und im Drontheimischen wurden nach und nach beackert. In den norwegischen Bergen fand man edle Metalle, und allmählich entstanden Industriestädte, dort, wo die Wasserfälle den Maschinen billige Wasserkraft gaben. Später kam die Elektrizität, die für die industrielle Entwicklung viel bedeutete, und in unseren Tagen hat die moderne Technologie es ermöglicht, draussen in der Nordsee nach Öl zu bohren.

Historische Übersicht

Es war im Jahr 872 als Norwegen zum ersten Mal zu einem Königreich vereinigt wurde, und es blieb ein selbständiges Königreich bis 1397. Später war die Geschichte des Landes sehr wechselhaft, teils mit einem König zusammen mit Dänemark, teils mit Schweden. Seit 1814 hat Norwegen seine eigene Verfassung und seit 1905 seinen eigenen König und seine eigene Flagge. Das Storting ist das gesetzgebende Parlament des Landes. Norwegens König ist Olav V.

Religion

Norwegen hatte seine eigene primitive altwestnordische Mythologie aus vorgeschichtlicher Zeit bis zum Jahr 1030, als König Olav der Heilige mit harter Hand das Christentum einführte. Heute gehört die norwegische Staatskirche zur lutherisch-reformatorischen Kirche, und das Land hat Religionsfreiheit mit einer Reihe kleinerer Kirchengemeinschaften.

Vegetation und Ausdehnung

Wie bereits erwähnt, liegt das Land weit gen Norden, aber der feuchte und milde südwestliche Wind, der ständig übers Land hereinkommt, gewährt der Bevölkerung und dem Wachstum gute Bedingungen. Mit den meisten landwirtschaftlichen Erzeugnissen ist Norwegen selbstversorgt, und ein Viertel des Landes ist mit Wäldern bedeckt, die Materialien für den Hausbau und die Zelluloseindustrie liefern. Die Wälder in Süd-Norwegen erreichen Höhen von ca. 800 m ü.d.M., und über der Baumgrenze erreichen die höchsten Berge Höhen von mehr als 2000 m ü.d.M. mit Galdhöpiggen in Jotunheimen als höchstem Gipfel mit 2469 m ü.d.M. Auf den höchsten Bergen liegt ewiger Schnee, und an einzelnen Stellen gibt es noch grosse Eisgletscher als Überbleibsel von der letzten Eiszeit her. Der grösste von ihnen, der Jostedalgletscher, ist 74 km lang und hat eine Ausdehnung von 815 qkm.

Norwegen ist ein lang ausgedehntes Land mit seinen 1752 km von Lindesnes bis zum Nordkap, – folgen wir aber der Küstenlinie des Landes, von der schwedischen Grenze im Süden bis zur russischen Grenze im Norden, müssen wir eine Strecke von 21.112 km zurücklegen. In diesem Land einer Grösse von etwas über 386.000 qkm leben ca. 4 Millionen Menschen.

Kultur

Die Wikinger sind wegen ihrer wilden kriegerischen Fahrten berühmt, während weniger bekannt ist, dass sie auch Handel betrieben und in den nördlichen Gewässern sich der wichtigen Aufgabe annahmen, Kultur zu verbreiten. Was uns in geringem Ausmass von ihren Schiffen, Hausgeräten und Schmucksachen überliefert ist, zeugt von einer hochentwickelten Kultur, die weitergetragen wurde und in den Stabkirchen noch zu erkennen ist.

In den letzten Jahrhunderten hat Norwegen berühmte Kulturpersönlichkeiten zur Welt gebracht, wie die Musiker Ole Bull und Edvard Grieg, die Schriftsteller Björnstjerne Björnson, Henrik Ibsen und Knut Hamsun, die Polarforscher Fridtjof Nansen und Roald Amundsen, den Maler Edvard Munch und den Bildhauer Gustav Vigeland.

In unseren Tagen hielt Thor Heyerdahl die ganze Welt in Spannung während seiner Segelfahrten mit dem Kon-Tiki Floss und den Schilfbooten Ra I und Ra II.

Holmenkollbakken med VM elgen i forgrunnen.

The Holmenkollen Ski Jump with the moose that constituted the symbol for the 1981 World Skiing Championships in the foreground.

Die Holmenkollen-Schanze mit dem Elch im Vordergrund.

Le tremplin de Holmenkollen avec l'élan en bois, symbole du championnat du monde des jeux d'hiver, au premier plan.

LA NORVÈGE

Situation géographique et climat

La Norvège est le pays le plus septentrional du monde qui soit habité. Situé entre Lindesnes et la pointe nord du Svalbard, à savoir entre 58 et 81 degrés de latitude nord, on a du mal à s'imaginer que les hommes puissent réellement y vivre.

Si nous comparons avec d'autres régions situées à la même latitude, nous voyons que la pointe sud du Gröenland se trouve à la même latitude qu'Oslo — que le pôle nord magnétique se situe plus au sud que le Spitzberg à peu près à la même latitude que Bjørnøya, l'île de l'Ours.

Or, grâce au Gulf Stream qui charrie les eaux tempérées du Golf du Mexique à travers l'Atlantique et tout le long des côtes norvégiennes, le pays jouit d'un climat comparable à celui des autres pays de l'Europe occidentale.

Population et ressources principales

Après la dernière époque glaciaire le pays se peupla de chasseurs et de pêcheurs primitifs qui s'installèrent dans des cavernes le long de la côte. Ils apprirent à cultiver la terre. Plus tard, ils construisirent d'élégants vaisseaux capables de traverser les océans. Les Vikings sont renommés pour leurs superbes navires et leurs féroces expéditions. Ils naviguèrent non seulement en Mer du Nord cinglant vers l'Angleterre, mais sillonnèrent la Baltique vers les pays baltes de l'Esthonie, de la Lettonie et de la Lituanie et prirent la route du sud vers le nord de la France et arrivèrent même jusqu'en Sicile, où nous trouvons, aujourd'hui, dans les grande cathédrales, des traces de la civilisation normannique.

La mer a donc depuis toujours joué un rôle important dans la vie quotidienne des Norvégiens. Les océans et les fjords qui constituaient leur voie naturelle de communication ont largement contribué à unir plutôt qu'à diviser les Norvégiens. Ainsi la Norvège est depuis toujours une des principales nations maritimes du monde.

Les vastes plaines du Jæren dans le sud-ouest, ainsi que celles des régions du sud-est et de Trøndelag furent défrichées et cultivées. La montagne livra de nobles métaux et les industries apparurent peu à peu, partout où les chutes d'eau pouvaient alimenter les machines à un prix modique. Puis vint l'électricité qui jouva un rôle primordial dans le dévéloppement industriel, et de nos jours, la technologie moderne nous permet de forer des puits de pétrole dans la Mer du Nord.

Aperçu historique

Unifiée sous un seul roi en 872, la Norvège conserva son statut de royaume indépendant jusqu'en 1397. Puis la Norvège fut rattachée d'abord à la couronne du Danemark, puis à celle de Suède. Ce n'est qu'en 1814 que la Norvège obtint sa propre Constitution, alors qu'il lui fallut attendre 1905 avant d'avoir son propre roi et ses couleurs nationales.

Le Storting est le nom de l'assemblée législative en Norvège. Olav V est aujourd' hui Roi de Norvège.

Religion

Le christianisme — introduit de main ferme par le roi Saint Olav en 1030 — succèda à la mythologie primitive norroise qui datait des temps préhistoriques.

La Norvège a aujourd'hui une Eglise d'Etat rattachée à l'Eglise réformée Luthérienne. Comme la liberté des cultes est autorisée dans le pays, de nombreuses communautés religieuses y ont droit de cité.

Végétation et topographie

En dépit de sa situation géographique septentrionale, la Norvège est un pays agréable à vivre, au climat propice à l'agriculture grâce au suroît humide et doux qui balaye le pays. La Norvège produit elle-même la plupart des produits agricoles. Un quart du territoire étant recouvert de forêts, le pays fournit du bois de construction au bâtiment et des matières premières à l'industrie de la cellulose.

Dans le sud de la Norvège la région forestière s'élève jusqu'à 800 m. d'altitude. Au-delà de cette limite les montagnes atteignent plus de 2000 m. d'altitude avec le Galdhøpiggen dans la chaîne du Jotunheimen comme point culminant avec ses 2469 m. au-dessus du niveau de la mer. Les neiges éternelles recouvrent les sommets, et par endroits subsistent encore d'imposants glaciers, vestiges de la dernière époque glaciaire. Le plus grand glacier, celui de Jostedal, fait 74 m. de long et s'étend sur une superficie de 815 km^2. La Norvège s'étire en longueur sur 1752 km à vol d'oiseau de Lindesnes au Cap Nord. Or, si nous remontions la côte de la frontière suédoise au sud, à la frontière russe au nord, nous couvririons un parcours de 21.112 km. Sur cette superficie de plus de 386.000 km^2 vivent 4 millions d'habitants.

Culture

Les Vikings, renommés pour leurs farouches exploits guerriers, étaient aussi d'habiles commerçants qui contribuèrent à diffuser la culture dans les eaux septentrionales. Les quelques vestiges qui nous restent de leurs vaisseaux, ustensiles et bijoux témoignent d'une culture très avancée que nous retrouvons léguée dans les églises en bois sculpté.

Au cours des derniers siècles, la Norvège a enfanté de grandes personnalités dans le domaine de la culture: Ole Bull et Edvard Grieg pour la musique, Bjørnstjerne Bjørnson, Henrik Ibsen et Knut Hamsun pour la littérature, Fridtjof Nansen et Roald Amundsen pour l'exploration polaire, Edvard Munch pour la peinture et Gustav Vigaland pour la sculpture. De nos jours, Thor Heyerdahl a tenu le monde en haleine avec ses expéditions avec le radeau Kon-Tiki et ses embarcations en bambou Ra I et Ra II.

Osebergskipet (22 m langt) som, ble gravet frem i 1904 etter å ha vært begravet i over 1000 år.

The Oseberg Ship. This graceful Viking ship (22 m overall) was excavated in 1904 after having remained buried for over a thousand years.

Das Osebergschiff (22 m lang), das 1904 ausgegraben wurde, nachdem es über 1000 Jahre begraben gewesen ist.

Le bateau viking d'Oseberg (22 m. de long) déterré en 1904 après resté enfoui pendant plus de 1000 ans.

Première på Hartvig Nissens skole:

Musikalsk skoleteater

Klamme i håndflatene og varme i kinnene av spilleglede og entusiasme, er de.

OLGA STOKKE
KARINA JENSEN (foto)

TEATER: Humor og gode karakterer byr dramaelever ved Hartvig Nissens skole på i sin ferske oppsetning som spilles denne uken. F.V. Kiki Fosshagen, Ulrik Eriksen, Live Kjølstad, Marthe Melbye, Kristian Krogshus og Jannicke Teige. Bak skimter vi Døden, Marius Opsahl.

Denne ene av to dramagrupper i tredjeklasse ved Hartvig Nissens skole og teaterlærer Cristine Koht.

I går kveld hadde de premiére på sin store «eksamen», senmiddelalderstykket «Spillet om enhver» som i sin tid ble skrevet av Hugo von Hoffmansthal. Døden er tema, men moro blir det lell, eller nettopp derfor. Med innstudering av utpregede typer, innvevet i bisarr humor, belyser de med stykket vårt fjerne forhold til døden.

De er stolte, læreren og elevene, for dette stykket har de jobbet mye og lenge med, siden august. Og de kjenner på seg at det er godt, så godt at hele byen bør få se det.

Teaterlærer Cristine Koht mener at dette er noe mer enn skoleteater, det nærmer seg det profesjonelle i skuespilleri, mener hun.

Eget teater

I skolens flotte teater, Amfi Hartvig, sitter vi blant annet sammen med døden i sort kappe, moren i blomstrete kjole, elskerinnen, skyldneren i så trange bukser at vi frykter at stemmeskiftet får sin renessanse, mammon i sennepsgul speilfløyel, gjerningen, og en ravende full tykk fetter. Hovedrolleinnehaveren Enhver var ikke til stede.

«Spillet om enhver» handler om enhver. Selv om det ble skrevet i senmiddelalderen, kan hvem som helst kjenne seg igjen, når og hvor som helst.

— Stykket er veldig gjennomarbeidet. Det er blitt en musikalsk forestilling når man tenker på hvordan skuespillerne forholder seg til sine karakterer og hverandre, som et musikkstykke. Det er svært visuelt, sier Cristine Koht.

— Og fysisk, sier Kristian Skyldneren Krogshus.

Elevene i denne dramagruppen fryder seg over skolegang på en annen måte, her får de spilt på hele sitt register. Underveis har de modnet og utviklet seg i rollene, men ikke minst i forhold til seg selv.

— Samarbeide, sier Marius Døden Opsahl. Sammen har de arbeidet hardt mot et felles mål. Stått på for at det skulle bli godt og troverdig, for at de skulle finne noe av sin egen personlighet i rollene. De føler de har lyktes.

— De skal kose seg i rollene, da funksjonerer det, sier Cristine Koht.

I forberedelsene har hver og en av dem, etter tur, stått på scenene alene, mens hele klassen har sittet i salen og kritisert og kommet med nye idéer til hvordan de skulle gi mimikk og puls til de forskjellige typene.

— Vi har det veldig gøy, sier de alle. Og læreren røper at hun har ledd så hun nesten har tisset på seg. Forestillingen som varer en time blir spilt hver kveld denne uken til og med fredag. I Amfi Hartvig.

Aftenposten 9/12-92

OSEBERGSKIBET

Thor Heyerdahls balsaflåte Kon-Tiki som han seilte med fra Peru til Raroia i Polynesia i løpet av 101 døgn i 1947.

Thor Heyerdahl's balsawood raft Kon-Tiki, on which in 1947 the explorer and his companions safely completed a 101-day voyage from Peru to Raroia in Polynesia.

Thor Heyerdahls Balsa-Floss Kon-Tiki, mit dem er 1947 von Peru nach Raroia in Polynesien 101 Tage und Nächte segelte.

Le radeau de balsa «Kon-Tiki» de Thor Heyerdahl avec lequel il mit 101 jours pour naviguer du Pérou à l'île de Raroia en Polynésie en 1917.

«Fram» er det fartøy i verden som har vært lengst mot nord (Nansens ekspedisjon 1893—1896) og lengst mot syd (Amundsens ekspedisjon 1910—1914).

No one vessel has sailed as far north (Nansen's expedition of 1893—96) and as far south (Amundsen's expedition of 1910—14) as the «Fram».

Die «Fram» ist das Fahrzeug in der Welt, das am weitesten gen Norden (Nansens Expedition 1893—1896) und am weitesten gen Süden (Amundsens Expedition 1910—1914) gefahren ist.

Le «Fram», la seule embarcation du monde à avoir atteint à la fois le pôle nord (1893—1896) et le pôle sud (expédition Amundsen, 1910—1914).

Norsk Folkemuseum på Bygdøy er landets største friluftsmuseum med ca. 170 hus hentet fra de forskjellige deler av landet, deriblant en rekke gårdstun og en stavkirke fra Gol. I tillegg har museet mere enn 160 000 gjenstander og en egen samisk avdeling.

With its 170 or so houses and buildings from different parts of Norway, among them complete farmsteads and a stave church (from Gol), the Folk Museum on the Bygdøy Peninsula, Oslo, is the biggest open-air museum in the country. It boasts 160 000 exhibits and includes a section devoted to Lapp culture.

Das Norwegische Volksmuseum auf der Halbinsel Bygdöy ist das grösste Freilichtmuseum des Landes mit etwa 170 Häusern, hergeholt aus den verschiedenen Teilen des Landes, darunter eine Reihe von Bauernhäusern, gruppiert um einen offenen Platz, und die Stabkirche aus Gol. Dazu hat das Museum mehr als 160 000 Gegenstände und eine eigene lappische Abteilung.

Le musée folklorique de Bygdøy avec ses 170 habitations provenant des différentes régions de la Norvège — dont plusieurs cours de ferme et une église en bois sculpté du village de Gol — est le plus grand musée de plein air du pays. Le musée abrite plus de 160 000 objets divers ainsi qu'une section lapone.

Akershus slott, bygget ca. år 1300.

Akershus Castle (c. 1300).

Schloss Akershus, gebaut um das Jahr 1300.

La Chateau d'Akershus, construit vers l'an 1300.

Madonna fra Enebakk kirke ca. 1250, nå i Universitetets Oldsaksamling, Oslo.

A wooden Statue of the Madonna from Enebakk Church (c. 1250), now in the University Museum of Antiquities.

Die Madonna von der Enebakk Kirche, etwa 1250, jetzt in der Altertumssammlung der Universität in Oslo

Madone de l'église d'Enebakk (env. 1250) conservée aujourd'hui au Musée des Antiquités Nationales, à Oslo.

Edv. Munch: Damene på broen.
Edv. Munch: Die Damen auf der Brücke.

Edvard Munch: «Women on the Bridge»
Edv. Munch: Les Jeunes Filles sur le Pont.

Oslo har en rekke store museer og mange offentlige bygninger med en rik kunstnerisk utsmykking. Vår mest berømte kunstner er Edv. Munch (1863–1944). Hans kunst kan vi finne i Universitetets Aula, Oslo Rådhus og Nasjonalgalleriet, men den største samlingen er i Munchmuseet.

Alle arbeidene han hadde da han døde, ble testamentert til Oslo Kommune, og disse er nå samlet i dette museet.

Oslo has a number of museums and galleries, as well as many public buildings lavishly adorned with paintings and sculptures. Norway's most famous artist is undoubtedly Edvard Munch (1863–1944), the bulk of whose works are on display in the museum that bears his name. When he died he left all the paintings, prints, and drawings still in his possession to the municipality of Oslo, and they are now housed in this museum – the Munch Museum.

Oslo hat eine Reihe grosser Museen und viele öffentliche Gebäude mit reicher künstlerischer Ausschmückung. Unser berühmtester Künstler ist Edv. Munch (1863–1944). Seine Kunst ist in der Aula der Universität, im Osloer Rathaus und in der Nationalgalerie zu finden, die grösste Sammlung ist aber im Munchmuseum. Bevor er starb testamentierte er alle seine hinterlassenen Arbeiten der Stadt Oslo, jetzt in diesem Museum untergebracht.

De nombreux musées et bâtiments officiels à Oslo sont pourvus d'une riche décoration artistique. Notre artiste le plus célèbre est incontestablement Edvard Munch (1968-1943). Una partie de ses œuvres sont exposées dans la grande salle des fêtes de l'Université, à l'Hotêl de Ville d'Oslo et dans la Gallerie Nationale. A sa mort, il légua à la Ville d'Oslo toutes les œuvres qui étaient en sa possession. Celles-ci sont aujourd'hui réunies au musée qui porte son nom.

Oslo vokste frem som et lite handelssted omkring år 1048 innerst i Oslo-fjorden, men allerede i jernalderen var det markedsplass her med buer, hus og naust. En rekke branner herjet hovedstaden under Ekeberg, og etter brannen i 1624 besluttet Christian IV at byen skulle flyttes til den andre siden av Akerselven, til området rundt Akershus festning, og den nye byen fristet en skiftende tilværelse med kriger, branner og farsotter, men også med fremgang og vekst. Byen fikk universitet i 1811, og etter at Norge fikk sin selvstendighet i 1814, ble Christiania det naturlige sentrum for landets administrasjon. I 1925 tok byen igjen navnet Oslo. I dag er Oslo en by med ca. 450.000 innbyggere, den fyller hele omårdet rundt indre Oslofiord, og er berømt for sin vakre beliggenhet og sine storslagne omgivelser.

Oslo wuchs um das Jahr 1048 am innersten Oslofjord als eine kleine Handelsstadt heran, aber bereits in der Eisenzeit war hier Jahrmarktsplatz mit Buden, Häusern und Kahnschuppen. Eine Reihe von Bränden verwüsteten die unterhalb des Ekeberg gelegene Hauptstadt, und nach der Feuersbrunst 1624 fasste Christian IV. den Entschluss, dass die Stadt nach der anderen Seite des Flusses Akerselven verlegt werden sollte, hin zum Gebiet um die Festung Akershus, und die neue Stadt erhielt den Namen Christiania. Jahrunderte hindurch hat die Stadt ein wechselndes Dasein geführt mit Kriegen, Bränden und Epidemien, aber auch mit Fortschritten und Wachstum. Die Universität erhielt die Stadt 1811, und nachdem Norwegen im Jahre 1814 seine Selbständigkeit erhalten hat, wurde Christiania das natürliche Zentrum für die Verwaltung des Landes. Im Jahre 1925 nahm die Stadt ihren urspünglichen Namen Oslo wieder an. Heute ist Oslo eine Stadt von ca. 450.000 Einwohnern, sie umfasst das gesamte Gebiet um den inneren Oslofjord und ist wegen ihrer hübschen Lage und der grossartigen Umgebung berühmt.

The Oslo today has evolved from a modest trading centre, founded round about 1048 at the head of the fjord of the same name, but as far back as the Iron Age there was a marketplace on the site, surrounded by a huddle of rude huts, boathouses, and other buildings. Time and again, however, the capital beneath the heights of Ekeberg was ravaged by fire, and after a last big blaze in 1624 King Christian IV resolved that it should be rebuilt on the other side of the Aker river, close to Akershus Castle. Renamed Christiania, the new town continued to prosper and expand, despite a series of setbacks that included war, fire, and pestilence. In 1811 it was honoured with a university of its own, and after dissolution of the union with Denmark in 1814 it automatically assumed the role of national administrative centre. In 1925 the town readopted its original name of Oslo. Present-day Oslo has a population of 450,000. Occupying the whole of the area around the inner reaches of the fjord, it is a modern city noted for its scenic location and superb naturel surroundings.

Oslo, située au fin du fjord du même nom, devint une petite place commerciale en 1048. Or, dès l'âge de fer un marché composé de voûtes, de maisons et de hangars existait déjà à cet emplacement. Plusieurs incendies ravagèrent la capitale en aval de la colline dEkeberg. Ainsi, à la suite de l'incendie del 1624, le roi Christian IV décida de transposer la ville autour du chateau-fort d'Akershus de l'autre côté du fleuve d'Aker. Cette nouvelle ville qui se construisit fut baptisée Christiania. Christiania, bien que ravagée par des guerres, des incendies et des épidémies, connut une certaine prospérité et croissance.
L'Université fut construite en 1811, et après que la Norvège eut obtenu son indépendance en 1814, Christiania devinte le centre naturel pour l'administration du pays. En 1924 la ville fut rebaptisée Oslo. Aujourd'hui, Oslo compte 450.000 habitants et s'étend le long du fjord d'Oslo. Oslo est renommée pour son merveilleux site et ses environs naturels grandioses.

I Frognerparken litt utenfor byens sentrum har vår mest berømte billedhugger, Gustav Vigeland (1869–1943) skapt en skulpturpark av enestående dimensjoner med 192 skulpturer som beskriver menneskenes vandring fra vuggen til graven.

In Frogner Park, in the western suburbs of the capital, Norway's most famous sculptor, Gustav Vigeland (1869–1943), has created a grandly conceived sculpture park embracing no less than 192 of his statues and illustrating man's inexorable journey from the cradle to the grave.

Im Frognerpark, etwas ausserhalb des Stadtzentrums, hat unser berühmtester Bildhauer, Gustav Vigeland (1869–1943), einen Skulpturenpark einzigartiger Dimensionen geschaffen mit 192 Skulpturen, die die Wanderung der Menschen von der Wiege bis zum Grabe beschreiben.

Notre plus célèbre sculpteur, Gustav Vigeland (1869–1943) a créé, un peu en retrait du centre d'Oslo, un parc de sculptures unique en son genre. Le parc de Frogner réunit sur une surface exceptionelle, 192 sculptures, décrivant le cycle de la vie humaine, du berceau à la tombe.

Karl Johansgate er Oslo's pulsåre. Langs den travleste del av gaten ligger en vakker park med plener, skulpturer og springvann – en kjærkommen lunge i byens pulserende liv.

The busiest part of Karl Johans gate, Oslo's main street, is bounded on one side by a lovely park, complete with lawns and flowerbeds, fountains and sculptures – a welcome refuge from the hustle and bustle round about.

Die Karl Johans gate ist Oslos Pulsader. Am geschäftigsten Teil der Strasse entlang ist ein hübscher Park mit Rasenflächen, Skulpturen und Fontänen – eine attraktive Lunge im pulsierenden Leben der Stadt.

L'avenue Karl Johan est la grande artère d'Oslo. Le long de la partie la plus fréquentée s'étend un très beau parc, orné de pelouses, de sculptures et de fontaines – bienfaisante oasis au milieu de la vie trépidante de la grande ville.

Gustav Vigelands Skulpturpark og Museum i Oslo.

Gustav Vigeland's Sculpure Park and Museum in Oslo.

Gustav Vigeland's Sculpturenpark und Museum in Oslo.

Le Parc de Gustav Vigeland et son Musée à Oslo.

ØSTLANDET

Fredriksten festning ved Halden.

I Østfold og særlig ved Glommas utløp, ligger mange av Norges største industribedrifter. Her finnes også minner om de tidligste bosetninger i form av bygdeborger, stensettinger og helleristninger.

Many of Norway's biggest industrial plants are located in the southeast, especially in the towns grouped around the mouth of the River Glomma. Here too are to be found traces of the oldest human settlements in the shape of fortifications, pavements, and rock carvings.

Im Landesteil Östfold, besonders an der Mündung der Glomma, sind viele der grössten norwegischen Industriebetriebe. Hier gibt es auch Überlieferungen der allerersten Ansiedelungen in Form von Zufluchtburgen, Steingravierungen und Felszeichnungen aus vorgeschichtlicher Zeit.

C'est dans la région du Sud-Ouest et surtout à l'embouchure du fleuve Glomma que se situent les plus importantes industries du pays. C'est là aussi que se trouvent les plus anciennes traces d'habitation sous forme de fortifications, dalles de pierre, gravures rupestres.

Helleristninger i Tune ved Sarpsborg.

Ancient rock carvings at Tune, near Sarpsborg.

Felszeichnungen in Tune bei Sarpsborg.

Gravures rupestres à Tune, près de Sarpsborg.

Gamlebyen i Fredrikstad.

The old quarter of Fredrikstad.

Fredrikstad, Altstadt.

La vieille ville de Fredrikstad.

Mjøsa, Norges største innsjø, er 100 km lang. I sommermånedene trafikkers den av «Skibladner», verdens eldste hjulbåt som er i drift. Den ble bygget i årene 1854–56.

Mjøsa, Norway's largest lake, is 100 km long. Built in 1854–56, the «Skibladner», which maintains a regular summer service on the lake, is the world's oldest paddlesteamer still in operation.

Mjøsa, Norwegens grösster Binnensee, 100 km lang. In den Sommermonaten wird er von «Skibladner», dem ältesten Raddampfer der Welt, befahren, gebaut in den Jahren 1854–56.

Mjøsa — le plus grand lac de Norvège — s'étend sur 100 km. L'été, le «Skiblander» — le plus ancien bateau à roues du monde à être encore en sevice — assure un service bateau sur le lac. Le «Skibladner» fut construit en 1854–56.

Til høyre ser vi Garmo stavkirke på Maihaugen i Lillehammer.

Right: Garmo stave church in the grounds of Maihaugen Folk Museum, Lillehammer.

Rechts sehen wir die Garmo Stabkirche auf Maihaugen in Lillehammer.

A droite, l'église en bois sculpté de Garmo, au musée folklorique de Maihaugen à Lillehammer.

Om vinteren ligger sneen som et dekorativt teppe over det norske landskapet og skaper de ideelle forhold for skiløping og andre aktiviteter.

Im Winter liegt der Schnee wie ein dekorativer Teppich über der norwegischen Landschaft und schafft die idealen Verhältnisse für Skilaufen und andere Aktivitäten.

In winter the Norwegian countryside is covered by a mantle of snow, providing ideal conditions for skiing and other winter sports.

Le paysage norvégien est recouvert d'un doux tapis de neige l'hiver, créant ainsi des conditions idéales pour les randonnées de ski et autres sports d'hiver.

Lillehammer.

Lillehammer er valgt til arrangør av de XVII Olympiske leker i 1994.

Die Stadt Lillehammer ist als Arrangeur für die Olympishe Winterspiele gewält worden.

Lillehammer is chosen as the host town for the XVII Olympic Winter games 1994.

Lillehammer a ete choisi comme Organisateur de XVIIes ,jeux Olympique d'Hiver.

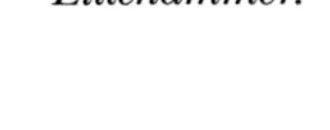

Rondane er et av våre store uberørte fjellområder. I 1962 ble 572 km² lagt ut til nasjonalpark som den første i Norge. Idag har vi tilsammen 13 nasjonalparker og de dekker 5042 km².

Rondane ist eine unserer grossen unberührten Gebirgsgruppen. 1962 wurden 572 qkm zum Nationalpark ausgelegt, dem ersten Norwegens. Heute haben wir insgesamt 13 Nationalparke, die ein Areal von 5042 qkm decken.

Rondane is one of Norway's many unspoiled mountain regions. In 1962 an expanse of 572 sq km was designated a national park — the nation's first. Today there are thirteen such parks, covering a total area of 5042 sq km.

Rondane, une de nos grandes régions montagneuses vierges. En 1962, 572 km² furent sélectionnés pour constituer la première réserve naturelle en Norvège. Nous avons aujourd'hui 13 parcs nationaux qui couvrent une superficie de 5042 km².

Gaustatoppen.

Telemark har et rikt variert landskap med Gaustadtoppen som høyeste punkt, 1883 m o.h. Landsdelen er rik på tradisjoner i byggeskikker, musikk og dekorativ kunst.

With its mountains and valleys the landscape of Telemark is full of surprises and contrasts. Mt Gausta (1883 m) is the highest peak. The region is rich in architectural, musical, and artistic traditions.

Telemark hat eine reich variierte Landschaft mit Gaustatoppen als dem höchsten Berggipfel, 1883 m ü.d.M. Der Landesteil ist reich an Traditionen bezüglich Bausitten, Musik und dekorativer Kunst.

Le Telemark offre une variété de paysages, dominés par le Mont Gausta (1883 m.). La région est riche en traditions architecturales, musicales et artistiques.

Tjøme.

Langs kysten finnes en lang rekke småsteder med fargerik bebyggelse og populære feriesteder for bybefolkningen.

The shores are studded with delightful little villages and rural communities, all of them tremendously popular with holidaymakers from the towns.

Längs der Küste sind eine lange Reihe kleiner Ortschaften mit farbenreicher Besiedelung und beliebten Ferienplätzen für die Stadtbevölkerung.

En bordure de la côte s'égrènent une quantité de petites agglomérations riches en couleurs — villégiatures fort estimées des citadins.

SØRLANDET

Arendal.

Sørlandsidyll.

A picturesque scene from southern Norway.

Südnorwegisches Idyll.

Le charme du Sørlandet.

Sørlandet er betegnelsen på kyststripen fra Kragerø til Flekkefjord. Tusenvis av øyer, holmer og skjær danner et variert landskap og et spennende farvann for den som ferdes i båt.
Sørlandet er det naturlige feriested for en stor del av befolkningen i byene i det sydlige Norge.

Sørlandet is the name given to the strip of coastline between Kragerø and Flekkefjord. These waters, with their countless holms and islets, offer wonderful opportunities for sailing and boating.
Sørlandet is a favourite with holidaymakers from all over southern Norway.

«Sörlandet» (Südnorwegen) ist die Bezeichnung des Küstenstreifens von Kragerö bis Flekkefjord. Tausende von Inseln, Holmen und Schären bilden eine abwechslungsreiche Landschaft und spannende Gewässer für diejenigen, die sich dort in fahrenden Booten aufhalten. «Sörlandet» ist die natürliche Feriengegend für einen grossen Teil der Bevölkerung in den Städten im südlichen Norwegen.

Le littoral sud qui s'étend de Kragerø à Flekkefjord est dénommé «Sørlandet». Parsemés de milliers d'îles, îlots et récifs, les parages du Sørlandet enlèvent toute monotonie à la navigation de plaisance. Une grande partie des citadins du sud de la Norvège viennent passer leurs vacances dans la région du Sølandet.

Kristiansand er Sørlandets hovedstad og har ca 62 000 innbyggere. Byen ligger lunt skjermet innenfor en idyllisk skjærgård. Kristiansand er et viktig trafikknutepunkt med flyplass og hyppig båtforbindelse med både Danmark, England og Holland.

Kristiansand gilt mit seinen rund 62 000 Einwohnern als die Hauptstadt von »Sörlandet« - dem Küstengebiet am südlichsten Zipfel Norwegens. Die Stadt liegt eingebettet im Schutz eines idyllischen Schärengürtels. Kristiansand ist mit Flughafen und lebhaftem Schiffsverkehr mit Dänemark, England und den Niederlanden ein bedeutender Verkehrsknotenpunkt.

Kristiansand, with a population of about 62.000, is the capital of southern Norway. The city lies in idyllic surroundings, sheltered by amyriad islets and skerries. Kristiansand is an important centre of communications, with frequent sailings to Denmark, England, and Holland, and an international airport.

Abritée par d'innombrables îles et îlots, Kristiansand est avec ses 60.000 habitants la capitale du Sørlandet.
Kristiansand est aussi un important noeud de communications, avec un aéroport et plusieurs lignes régulières de bateaux pour le Danemark, l'Angleterre et la Hollande.

Sørlandet

Brekkestø.

I seilskutenes dager var en av de viktigste inntektskildene, ved siden av fiske, å lose seilskutene inn fra havet, gjennom det vanskelige skjærgårdsbelte og i sikker havn. Losene bodde ofte på innsiden av de ytterste øyene, og deres gamle, hvitmalte hus føyer seg naturlig inn i landskapet.

In the days of sail an important source of revenue, along with fishing, was piloting homebound ships through the maze of islands along the coast to safe anchorages in harbour. The pilots often lived on the landward sides of the outer islands, where their white-painted wooden houses still blend perfectly with the surrounding landscape.

Zur Zeit der Segelschiffe war eine der wichtigsten Einnahmequellen – neben dem Fischfang – die, die Segelschiffe vom Meere her durch den schwierigen Schärengürtel hereinzulotsen in sichere Häfen. Die Lotsen wohnten oft an der inneren Seite der äussersten Inseln, und ihre alten, weissgestrichenen Häuser fügen sich natürlich in die Landschaft ein.

Du temps des grands voiliers, l'une des principales ressources, à côté de la pêche, était le pilotage des navires venant du large, à travers le réseau compliqué et dangereux des écueils, jusqu'à bon port. Les pilotes habitaient souvent sur la côte interne des îles extérieures. Leurs vieilles maisons blanches s'intègrent harmonieusement au paysage.

Lindesnes fyr ligger på den sørligste pynt av Norges fastland og sender sine 4,3 millioner normallys utover havet.

Lindesnes Lighthouse, with its 4.3 million candlepower lantern, stands on the southernmost point of the Norwegian mainland.

Das Leuchtfeuer Lindesnes ist der südlichste Punkt des norwegischen Festlandes und sendet seine 4,3 Millionen Normalkerzen übers Meer hinaus.

Le phare de Lindesnes, dressé a l'extrême pointe sud de la terre ferme balaie la mer avec ses 4,3 millions de bougies.

Skjernøysund.

VESTLANDET

Parti fra Jæren.

A view of Jæren.

Partie von Jæren.

Paysage de Jæren.

←

Til venstre: Gammel boplass i Jøssingfjord.

Left: The site of an old settlement beside the Jøssing Fjord.

Links: Alte Wohnstätte am Jössingfjord.

A gauche: ancienne habitation dans le fjord de Jøssing.

→

Gateparti i «Gamle Stavanger» hvor 150 gamle beboelseshus er sikret for fremtiden.

A street in «Old Stavanger», where 150 old houses have been saved for posterity.

Strassenpartie in «Alt-Stavanger», wo 150 alte Wohnhäuser sichergestellt sind für die Zukunft.

Rue du «Vieux Stavanger» où 150 vieilles demeures sont classées et conservées pour la postérité.

Boreplattform i Nordsjøen.

Drilling platform in the North Sea.

Ölbohrinsel in der Nordsee.

Plate-forme de forage dans la Mer du Nord.

Condeep Beryl «A» under slep ut til Nordsjøen.

The Condeep Beryl «A» platform being towed out into the North Sea.

Condeep Beryl «A» wird in die Nordsee hinaus geschleppt.

Condeep Beryl «A» remorqué en Mer du Nord.

Cormorant «A» under slep og Brent «C» under bygging ved Stord Verft A/S.

Cormorant «A» wird geschleppt, und Brent «C» ist im Bau bei der Stord Verft A/S.

The Cormorant «A» platform under tow and (right) Brent «C» in course of construction at the Stord shipyard.

Cormarant «A» à la remorque, et Brent «C» au chantier de construction maritime Stord Verft A/S.

De første grunnboringer etter olje og gass på norsk kontinentalsokkel startet i 1960-årene. De første funn som viste seg å være drivverdige, ble gjort på det nåværende Ekofisk-feltet i 1969. I dag føres gass fra de norske feltene i rør til Emden i Vest-Tyskland og St. Fergus i Skottland.
Noe av oljen går i rør til Teesside i England mens resten fylles over i tankskip ute på feltet.
Brutto produksjonsverdi i 1983 var ca 72 milliarder kroner, og dette ga den norske stat 30,3 milliarder kroner i skatter og avgifter.

Die ersten Grundbohrungen nach Öl und Gas auf dem norwegischen Kontinentalsockel fanden in den sechziger Jahren statt. Die ersten Funde, die sich als ausbeutbar erwiesen, machte man im jetzigen Ekofisk-Gebiet im Jahre 1969. Heute wird Gas von den norwegischen Gebieten in Rohren nach Emden in West-Deutschland und St. Fergus in Schottland geleitet.
Teesside in England.
Ein Teil des Erdöls wird durch Rohrleitungen nach Teesside in England transportiert, während der Rest auf dem Feld von Tankschiffen an Bord genommen wird.
Der Bruttoproduktionswert belief sich 1983 auf ca. 72 Milliarden Norwegische Kronen, die dem Fiskus 30,3 Milliarden an Steuern und Abgaben einbrachten.

Exploratory drilling for oil and gas on Norway's continental shelf commenced in the 1960s, and the first commercially exploitable finds were made in 1969 in what is now the Ekofisk field. Today, gas is piped from the Norwegian sector to Emden in West Germany and to St Fergus in Scotland.
Some of the oil is conveyed by pipeline to Teesside, England; the rest is loaded into tankers on the oilfield.
In 1983 output was valued at 72 billion kroner and brought the Norwegian government 30,3 billion kroner in dues and taxes.

Les permiers forages d'exploration de pétrole et de gaz sur le socle continental norvégien eurent lieu vers 1960. Les premiers gisements exploitables furent découverts en 1969 sur le champ d'Ekofisk. Le gaz est aujourd'hui évacué à Emden en Allemagne Fédérale et à St. Fergus en Ecosse.
Une partie de la production de pétrole est évacuée à Teesside en Angleterre, alors que le reste est transporté par des pétroliers. La valeur brute de la production a atteint en 1983 quelques 72 milliards de couronnes norvégiennes, dont près de la moitié (30,3 milliards de couronnes) ont été versées à l'Etat norvégien sous forme d'impôts et de taxes.

«Prekestolen» er en eiendommelig fjellformasjon som hever seg 600 meter rett opp fra Lysefjorden.

The «Pulpit» a remarkable rock formation rising to 600 metres above the Lysefjord.

«Prekestolen» (die Kanzel) ist eine eigentümliche Gebirgsformation ragt 600 Meter stel aus dem Lysefjord empor.

Prekestonen, «la chaire du pasteur», paroi rocheuse abrupte se dressant sur 600 m au-dessus du Lysefjorden.

Låtefoss.

Hardanger har gitt inspirasjon til mange kunstnere med sin rikt skiftende natur, høye snedekte fjell og dype forrevne daler, buldrende fosser og smilende fjordlandskaper. Her fant Tidemand og Gude motiver til sine malerier og Edv. Grieg inspirasjon for sin musikk. I dag er Hardanger et yndet mål for turister av alle nasjonaliteter.

Hardanger hat vielen Künstlern Inspiration gegeben mit seiner so abwechslungsreichen Natur, den hohen schneebedeckten Bergen und tiefen zerrissenen Tälern, tosenden Wasserfällen und lächelnden Fjordlandschaften. Hier fanden Tidemand und Gude Motive für ihre Gemälde und Edv. Grieg Inspiration für seine Musik. Heute ist Hardanger ein beliebtes Reiseziel für Touristen aller Nationen.

With its varied scenery, a rapidly changing kaleidoscope of lofty, snowclad mountains and deep, rugged valleys, of plunging waterfalls and smiling fjord landscapes, Hardanger has inspired many noted artists and musicians. It was here Norway's Adolph Tidemand and Hans Gude found the subjects for their paintings and Edvard Grieg the inspiration for his music. Today, Hardanger is a magnet for tourists from every corner of the globe.

La région de Hardanger avec ses paysages variés, ses hautes montagnes couvertes de neige, ses vallées profondes et tourmentées, ses cascades rugissantes et ses fjords souriants; a inspiré quantité d'artistes.
Les peintres Tidemand et Gude y ont trouvé les motifs de leurs tableaux, et Edvard Grieg l'inspiration de sa musique. Aujourd'hui Hardanger est l'une des plus grandes attractations touristiques.

Hardanger.

På Vestlandet er sauen et kjært husdyr, og mange steder ved kysten kan den gå ute og finne føde hele året.

Sheep farming is a widespread occupation in the west of Norway, and there are many places near the coast where the animals can graze out of doors all through the winter.

In West-Norwegen ist das Schaf ein beliebtes Haustier, an vielen Stellen draussen an der Küste kann es das ganze Jahr im Freien sein und Nahrung finden.

L'élevage des moutons est très répandu dans la région ouest du pays, au Vestlandet. Les troupeaux de moutons sont menés en pâture en maints endroits sur la côte toute l'année.

→

Til høyre ser vi Vøringsfossen (med et fritt fall på 183 meter) og utsikten nedover Måbødalen.

Right: Vøringsfossen (with an unobstructed drop of 183 m) and the Måbødal Valley.

Rechts sehen wir den Wasserfall Vöringsfossen (mit einem freien Gefälle von 183 Metern) und die Aussicht hinunter zum Måbötal.

A droite, la cascade de Vøring (chute libre de 183 m.) et vue de la vallée de Måbø.

Bergen er kjent for sin vakre beliggenhet mellom 7 fjell, men byen er også berømt for sin varierte arkitektur og for sitt livlige, interkontinentale miljø som kan føres tilbake helt til hanseatenes tid. Idag har Bergen en stor tilstrømning av turister fra alle verdensdeler, kanskje særlig under festspillene i juni måned hvert år.

Bergen is renowned for its impressive location between seven mountains, but the city is also famous for its varied architecture and its lively, intercontinental atmosphere that can be traced back to Hanseatic times. Tourists come to Bergen in large numbers from all parts of the world, particularly during the International Festival held annually in June.

Bergen ist berühmt seiner herrlichen Lage zwischen den sieben Bergen wegen, hat als Stadt aber auch einen Namen für seine vielseitige Architektur und sein lebhaftes interkontinentales Milieu, das bis zur Hanseatenzeit zurückverfolgt werden kann. Bergen erlebt heute einen starken Zustrom von Touristen aus aller Herren Ländern, ganz besonders während der jährlichen Festspiele im Juni.

Bergen, au magnifique site entre sept collines, est renommée pour la variété de son architecture et une ambiance animée, intercontinentale, dont l'origine remonte à l'époque hanséatique. De nos jours, Bergen accueille d'innombrables visiteurs venus du monde entier, tout particulièrement pendant le Festival de musique qui sdeéroule chaque année au mois de juin.

Grieghallen. *The Grieg Concert Hall.*

Grieghalle. *Grieghallen, salle de concert.*

«Gamle Bergen».

«Old Bergen».

«Alt-Bergen».

La vieille ville de Bergen.

Stalheim.

Balestrand.

Tilhøyre ser vi Borgund stavkirke i Lærdal. Den ble bygget ca 1050 og er idag den best bevarte og den mest typiske av de 30 norske stavkirkene som fremdeles eksisterer.

To the right is the Borgund Stave Church in Lærdal. Built about 1050, this is the best preserved and most typical of the 30 Norwegian stave churches still in existence.

Rechts ist die Borgund Stabkirche in Lærdal zu sehen. Sie wurde um 1050 erbaut und gilt heute als die am besten erhaltene und typischste der 30 norwegischen Stabkirchen, die noch existieren.

A droite, l'église en bois sculpté de Borgund à Lærdal.
Construite aux environs de 1050 elle est aujourd'hui la mieux conservée et la plus caractéristique des 30 églises médiévales que compte la Norvège.

Stryn er kjent for sin storslagne natur, og mest besøkt av turistene. Her fråtser naturen i høve fjell, skinnende breer, brusende fossefall og speilblanke vann. I Olden (til venstre) er det mulig å få hesteskyss helt opp til vannet hvor Briksdalsbreen kalver.

Stryn ist der Inbegriff für grandiose Natur; deshalb ist diese Landscaft auch eine der meistbesuchten des Landes. Hier erleben die Touristen hohe Gipfel, blendende Gletscher, rauschende Wasserfälle und blanke Seen, in denen sich das Ganze spiegelt. In Olden (links) kann man sicn mit Pferdetransport bis zu dem See bringen lassen, in dem der Briksdalsgletscher »kalbt«.

Stryn is renowned for its magnificent scenery and is therefore one of the most popular tourist districts. Here Nature revels in high mountains, shining glaciers, tumbling waterfalls and glassy lakes reflecting them all. In Olden (left) horses are available to take visitors up to the lake where the Briksdal glacier calves.

Stryn, dans un cadre grandiose, est devenu l'un des hauts lieux du tourisme en Norvège. Des montagnes impressionnantes, des glaciers étincelants, partout des cascades et des chutes d'eau. des lacs dont les eaux paisibles reflètent des paysages inoubliables. Du bourg de Olden, (à gauche) on peut se rendre à cheval jusqu'au bord du glacier de Briksdalsbreen.

Flydalsjuvet er en berømt fjellformasjon ved bunnen av Geirangerfjorden. Her er en storslagen utsikt, men bare noen få våger seg ut på den ytterste pynten.

Flydalsjuvet is a famous rock formation at the head of the Geiranger Fjord. The view from the top is stupendous, but only the boldest venture right out to the edge.

Flydalsjuvet ist eine berühmnte Gebirgsschlucht am Ende des Geirangerfjords. Die Aussicht von hier aus ist grossartig, aber nur wenige wagen sich bis zur äussersten Klippe.

Flydalsjuvet, au fond de Geirangerfjord offre un panorama splendide. Peu nombreux cependant sont ceux qui se hasardent jusqu'á l'extrême bord . . .

Geirangerfjorden får ofte besøk av store turistskip fra mange forskjellige land, og turistene imponeres av de bratte fjellsidene, fossene som kaster seg utfor stupene og de små gårdene som har klort seg fast på en grønn hylle oppe i fjellsiden.
På bildet ser vi M/S « Queen Elisabeth » stevne inn fjorden.

Every year the Geiranger Fjord is visited by cruise ships of many nations, ships whose passengers never fail to marvel at the steep walls of rock, the waterfalls plunging from the heights, and the tiny farms clinging to green ledges high up on the mountainsides. Here, « Queen Elizabeth 2 » is seen entering the fjord.

Briksdalen

Der Geirangerfjord wird häufig von Passagierschiffen aus vielen Ländern besucht. Die Touristen lassen sich beeindrucken von den steilen Berghängen, den Wasserfällen, die sich die Felswände herabstürzen und den kleinen Gehöften, die sich an einem kleinen grünen Fleckchen hoch am Berg festgekrallt haben.
Auf dem Bild läuft die M/S »Queen Elisabeth« in den Fjord ein.

Le Fjord de Geiranger reçoit tout au long de l'été la visite de grands paquebots de croisière, dont il ne manque jamais d'impressionner les passagers par la grandeur de ses paysages… chutes d'eau et torrents dévalant d'abruptes parois rocheuses, petites fermes de montagne accrochées sur une étroite bande de terre entre ciel et terre.
Ici, le M/S « Queen Elisabeth » fait son entrée dans le fjord.

Eidsdal

Jente fra Geiranger.

Geiranger charm personified.

Geiranger-Mädchen.

Jeune fille de Geiranger.

Geitene melkes.

Milking goats in the mountains.

Ziegen werden gemolken.

La traite des chèvres.

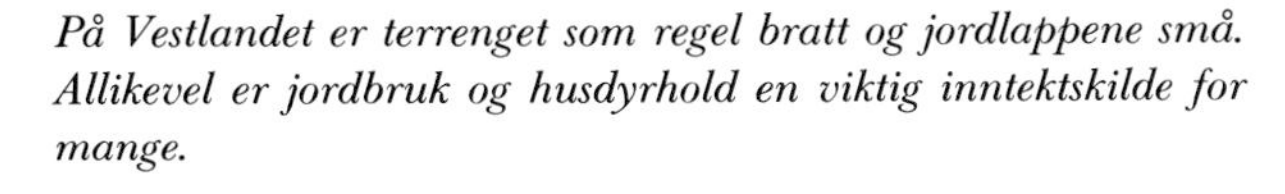

På Vestlandet er terrenget som regel bratt og jordlappene små. Allikevel er jordbruk og husdyrhold en viktig inntektskilde for mange.

In the west the land is mostly very rugged and fields are small and steeply sloping. This notwithstanding, many of the local population make a living out of livestock and agriculture.

In West-Norwegen ist meist steiles Terrain, und die Erdflecken sind klein. Dennoch sind Landwirtschaft und Haustierzucht eine wichtige Einnahmequelle für Viele.

Dans les régions ouest du pays, au Vestlandet, le terrain est très accidenté et les lopins de terre arable sont très petits. Malgré cela, l'agriculture et l'élevage y constituent une importante ressource.

Trollstigveien i Romsdal.

Trolltindene.

→

Til høyre ser vi Mardalsfossen i Eikesdalen slik den viste seg med fall på tilsammen 655 meter. Nå er den regulert vekk.

Right: Mardalsfossen, Eikesdal. Before they were harnessed in the cause of industry the falls had an overall drop of 655 m.

Recht sehen wir den Mardalsfoss in Eikesdal — so wie er mit einem Gefälle von 655 Metern gewesen ist. Jetzt ist der Fall wegreguliert.

A droite la cascade de Mardal, à Eikesdalen telle qu'elle se présentait avec ses 655 m. de chute avant d'être captée.

Romsdal.

Ålesund.

Molde med Romsdalsalpene i bakgrunnen.

Molde, with the Romsdal Alps in the background.

Molde vor dem Hintergrund der Romsdalsalpen.

La ville de Molde et, à l'arrière-plan, les cimes de Romsdalsalpene.

Noen få av tilsammen 6600 hollandske gulldukater som ble funnet utenfor Runde i 1972.

A small selection of the 6600 golden Dutch ducats recovered in 1972 from a wreck on the seabed off the island of Runde.

Eine kleine Anzahl von insgesamt 6.600 holländischen Golddukaten, die vor der Ortschaft Runde 1972 im meer gefunden wurden.

Quelques-uns des 6 600 ducats d'or hollandais trouvés au large de Runde en 1972.

TRØNDELAG

Gjevilvatnet i Trollheimen.

Lake Gjevilvatn, Trollheimen.

Der Binnensee Gjevilvatnet in Trollheimen.

Le lac de Gjevil à Trollheimen.

I 1950-årene ble det innført en liten moskus-stamme fra Grønland som ble plassert i traktene mellom Snøhetta og Drivdalen.

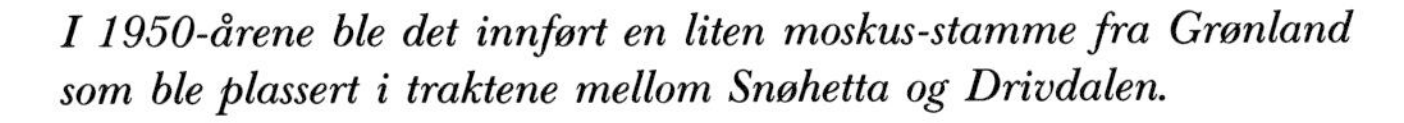

In the 1950s a small herd of musk-oxen from Greenland was released in the mountains between Snøhetta and the Drivdal Valley.

In den fünfziger Jahren wurde ein kleiner Stamm Moschustiere von Grönland eingeführt, der in der Gegend zwischen Snöhetta und Drivdalen (Dovrefjell) placiert wurde.

Vers 1950 une petite colonie de boeufs musqués, venue du Groënland, fut placée dans la contrée comprise entre Snøhetta et Drivdalen.

Nidarosdomen i Trondheim ble påbegynt i det 11. århundre og sto antagelig ferdig ca. 1300. Den har vært under restaurering siden 1869 og betraktes i dag som Norges største nasjonalhelligdom.

Der Nidarosdom in Trondheim, — dessen Bau wurde im 11. Jahrhundert begonnen, dürfte um das Jahr 1300 beendet worden sein. Seit 1869 wird er restauriert und wird heute als grösste Nationalheiligtum Norwegens betrachtet.

Commenced in the 11th century, Nidaros Cathedral in Trondheim was probably completed in the year 1300 or thereabouts. It has been in process of restoration since 1869 and is incontrovertibly Norway's greatest national shrine.

Commencée au XIe siècle, la Cathédral de Nidaros, à Trondheim, fut vraisemblablement achevée evrs l'an 1300 En restauration depuis 1869, elle est aujourd'hui le premier sanctuaire national de Norvège.

Ravnkloa, Trondheims fiskemarked.

Ravnkloa, Trondheim's fish market.

Ravnkloa, Trondheims Fischmarkt.

Ravnkloa, le marché au poisson de Trondheim.

Trondheim.

Røros.

NORD-NORGE

Nord-Norge er et langstrakt kystlandskap som i lengde utgjør over halvparten av Norges utstrekning fra syd til nord. Men i den nordligste delen vider landsdelen seg ut i en øde høyfjellsslette, Finnmarksvidda.

North Norway is a long, narrow coastal landscape stretching more than half the length of Norway from north to south. In the extreme north it spreads out into Finnmarksvidda, a wide, bleak mountain plateau. The greater part of North Norway lies north of the Arctic Circle and can thus rightly be called the Land of the Midnight Sun, where

Nordnorwegen ist charakterisiert durch eine stark gegliederte Küstenlandschaft, die an der Länge gemessen mehr als die Hälfte von Norwegens Ausdehnung von Süden nach Norden ausmacht. Im nördlichsten Teil weitet sich der Landesteil zur endlosen Hochebene - der Finnmarksvidda. Nordnorwegen ist zum überwiegenden Teil nördlich des

La Norvège septentrionale qui, en longueur, représente plus de la moitié de la distance séparant l'extrémité sud de l'extrémité nord du pays, est formée d'une étroite bande côtière qui s'évase au nord pour englober une région désertique, les hauts-plateaux du Finnmarksvidda.

Træna.

Det meste av Nord-Norge ligger nord for Polarsirkelen og kan således med rette kalles midnattsolens land hvor solen er over horisonten 24 timer i døgnet midt pa sommeren, men midt på vinteren er det til gjengjeld en tid da den ikke viser seg. Denne store forsjell på sommer og vinter gjør at mange planter og dyr ikke kan overleve her, og det er nesten bare langs kysten og ute på øene at vi finner fast bebyggelse. Men landsdelens storslagne og skiftende natur, lysets uendelige forandringer og det rike fisket som foregår utenfor kysten, har virket dragende på mange og gjort at landsdelen har vært forholdsvis godt befolket, og i Varanger-området er det funnet boplasser som viser at det har bodd mennesker her allerede i steinalderen.

Polarkreises gelegen und darf mit Recht das Land der Mitternachtssonne heißen; hier ist die Sonne mitten im Sommer rund um die Uhr über dem Horizont, dafür läßt sie sich im Winter eine Zeitlang überhaupt nicht sehen. Auf diesen großen Unterschied zwischen Sommer und Winter ist es zurückzuführen, daß viele Pflanzen und Tiere hier nicht überleben können, und daß man nur an der Küste und auf den Inseln feste Siedlungen antrifft. Die großartige und vielfältige Natur Nordnorwegens, die unendlichen Änderungen des Lichts und die reiche Fischerei vor der Küste haben eine verlockende Wirkung auf viele Menschen, so daß der Landesteil verhältnismäßig gut bevölkert ist. Im Gebiet um Varanger hat man Siedlungsreste ausgegraben, an denen abzulesen ist, daß hier bereits in der Steinzeit Menschen lebten.

the sun remains above the horizon 24 hours a day in summer. On the other hand there is a time at midwinter when it never appears at all. Because of this great difference between summer and winter, many animals and plants are unable to survive here and permanent habitation is found almost exclusively along the coast and on the islands. However, because this part of the country has such magnificent and varied scenery, endlessly changing effects of light, and rich fishing grounds just off the coast, it holds a fascination for many people and is fairly well populated. Settlements showing that the region was inhabited in the Stone Age have been found in the Varanger area.

La majeure partie de la Norvège septentrionale est située au nord du cercle polaire et peut à juste titre être appelée le pays du soleil de minuit, puisqu'en plein été le soleil reste suspendu au-dessus de l'horizon 24 heures sur 24. L'hiver par contre n'est qu'une longue nuit. En raison de ces conditions extrêmes seul un nombre restreint de plantes et d'animaux parviennent à survivre dans cette région. Quant aux habitants du Nord, ils se sont pour la plupart installées en bordure de la mer et sur les îles. La beauté et l'étrangeté des paysages, les jeux incessants de la lumière, la richesse des bancs de pêche au large des côtes ont cependant toujours attiré les hommes: des traces d'habitat de l'âge de pierre découvertes dans le Varanger en sont la preuve.

Torghatten.

Svartisen.

Landego. Midnattsol, Midnightsun, Die Mitternachtsonne, Soleil de minuit.

Nusfjord.

Trollfjorden ligger i hjertet av Lofoten. I gunstige værforhold kan Hurtigruta og store turistskip ta seg inn her.

The Troll Fjord is tucked away deep in the heart of the Lofotens. In good weather the coastel-express vessels and giant tourist liners often enter its narrow confines.

Der Trollfjord liegt im Herzen der Lofoteninseln. Bei günstigem Wetter können die Schnelldienst-Küstenschiffe, auch grosse Touristenschiffe, hier anlaufen.

Le fjord de Troll se situe en plein cœur des îles Lofoten. Par temps favorable, le bateau de la ligne côtière et les grands bateaux de tourisme peuvent entrer dans le fjord.

Tromsø spiller en sentral rolle i Nord-Norge med universitet og bispesete. Tromsø er en livlig handels- og sjøfartsby, og 1/3 av befolkningen lever av fiskerinæringen. Tromsø har midnattsol fra 21. mai til 23. juli.

With its residence and university Tromsø occupies a central position in the life of North Norway. It is a prosperous commercial town and port, and one-third of the populations is engaged in the fishing industry. The Midnight Sun is visible here from 21 May to 23 July.

Tromsö spielt ein zentrale Rolle in Nord-Norwegen mit Universität und Bischofssitz. Tromsö ist eine lebhafte Handels- und Seefahrtsstadt; ein Drittel der Bevölkerung lebt vom Fischereigewerbe. Die Stadt hat Mitternachtssonne vom 21. Mai bis zum 23. Juli.

Avec son Université et son siège épiscopal, Tromsø joue un rôle central dans la Norvége du Nord. Centre actif de commerce et de navigation, 1/3 de la population y vit de la pêche. On peut y admirer le soleil de Minuit du 21 mai au 23 juillet.

Hammerfest, verdens nordligste by.

Hammerfest, the most northerly town in the world.

Hammerfest, die nördlichste Stadt der Welt.

Hammerfest, la ville la plus septentrionale du monde.

Trondenes kirke ligger 3 km nord for Harstad. Den er oppført i gotisk stil ca. 1250. Kirken har 3 alterskap fra senmiddelalderen.

Die Trondenes Kirche liegt 3 km nördlich von Harstad, erbaut um das Jahr 1250 in gotischem Stil. Die Kirche hat 3 ALtarschränke aus dem späten Mittelalter.

Trondenes Church, 3 km north of Harstad. Built c. 1250 in Gothic style, the church has a lovely latemediaeval polyptych.

A 3 km, au nord de Harstad se trouve la vielle église gothique de Trondenes, datant d'anviron 1250. On y admire trois tabernacles fin Moyen-Age.

Samene er en folkegruppe som lever som nomader i de nordlige områder av Norge, Sverige, Finland og Russland. De følger sine reinsflokker, som ofte betår av flere tusen dyr, på deres stdige vandringer for å finne beite. Samene har sin egen kultur og sitt eget språk. De holder vedlike tradisjonen med sine fargerike og særpregete drakter som er et imponerende stykke håndarbeide.

The Lapps are a nomadic group of people who live in the northerly parts of Norway, Sweden, Finland and Russia. They accompany their flocks of reindeer, often numbering many thousands of animals, on their incessant wanderings in search of fresh pastures. The Lapps have their own culture and their own language. They maintain the traditions of their people and their colourful, distinctive costumes are impressive examples of their handicraft.

Die Samen (oder Lappen) sind eine Bevölkerungsgruppe, die als Nomaden in den nördlichsten Bezirken von Norwegen, Schweden, Finnland und Rußland leben. Sie begeben sich auf Wanderung mit ihren Rentierherden, die oftmals aus mehreren tausend Tieren bestehen, um bessere Weideplätze zu finden. Die Samen haben ihre eigene Kultur und ihre selbständige Sprache. Sie halten an der Tradition der farbenfrohen eigenartigen Trachten fest, die eindrucksvolle Handarbeit darstellen.

Les Lapons, population nomade du nord de la Norvège, de la Suède, de la Finlande et de la Russie, vivent de leurs troupeaux de rennes qui comptent souvent plusieurs milliers d'animaux, qu'ils suivent dans leurs migrations à la recherche des pâturages. Avec une civilisation et une langue qui leur sont propres, les Lapons ont conservé de vivantes traditions et portent encore de nos jours de pittoresques vêtements aux très vives couleurs, véritables chefs-d'œuvre d'artisanat.

Myrull er et vakkert innslag i Finnmarks flora.

Cotton grass — a festive addition to Finnmark's sparse flora.

Wollgras ist ein hübscher Einschlag der spärlichen Vegetation in Finnmarken.

Les linaigrettes égayent la végétation extrèmement pauvre du Finnmark.

Til høyre: Nordkapp.

Right: North Cape.

Rechts: das Nordkap.

A droite: le Cap Nord.

SVALBARD

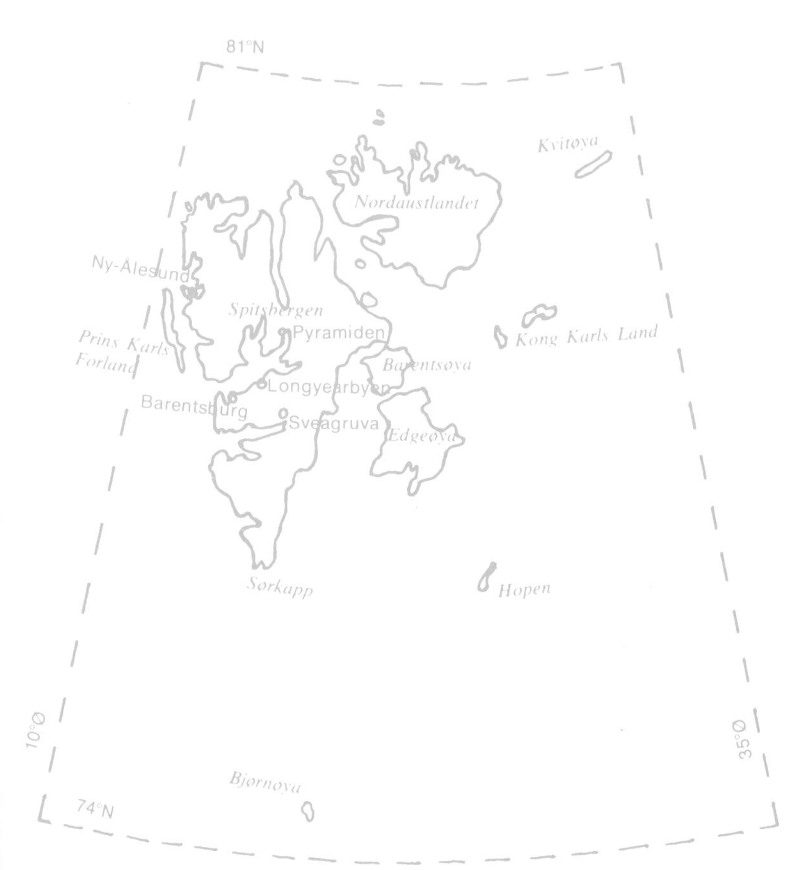

Svalbard er Norges nordligste utpost, et øyrike på vel 62 000 km² beliggende mellom 74° og 81° nordlig bredde. Ved Svalbardtraktaten 1920 fikk Norge suverenitet over øygruppen.

Svalbard is Norway's northernmost outpost, an archipelago some 62 000 sq km in extent situated between latitudes 74° and 81°N. A treaty of 1920 conferred sovereignty over the islands on Norway.

Svalbard ist Norwegens nördlichster Vorposten, ein Inselreich gut 62.000 qkm gross, gelegen zwischen 74° und 81° nördlicher Breite. Durch den Svalbard-Vertrag 1920 erhielt Norwegen die Souveränität über die Inselgruppe.

A l'extrême nord de la Norvège, se situe le Spitzberg, archipel de plus de 62.000 km², situé entre 74 et 81 degrés de latitude nord. Le traité du Spitzberg de 1920 attribua à la Norvège la souveraineté de l'archipel.

Bjørnøya.

Bjørnøya er den sydligste øy i Svalbard-øygruppa. Den er ulendt og ubebodd, bortsett fra personalet på en meteorologisk stasjon. Gress og små planter med fargerike blomster er den eneste vegetasjon, men her er et rikt fugleliv, og når drivisen siger forbi øya, hender det at den nysjerrige isbjørnen går iland. Som regel er den ufarlig, men er den sulten, går den til angrep.

Bjørnøya is the southernmost island of the Svalbard group. It is rugged and uninhabited, except for the personnel of a meteorological station. Grass and small plants with highly coloured flowers are the only vegetation, but bird life abounds and the island is occasionally visited by an inquisitive polar bear from the drifting ice-fields. As a rule the bears are not dangerous, but they may attack if hungry.

Die Bäreninsel ist das südlichste Eiland des Spitzbergenarchipels. Sie ist unwirtlich und unbewohnt - abgesehen von der Bedienung einer meteorologischen Station. Gras und niedrige Pflanzen mit bunten Blüten sind die einzige Vegetation, der Vogelbestand ist dagegen reichhaltig. Wenn Treibeis an der Insel vorbeizieht, kann es vorkommen, daß ein neugieriger Eisbär an Land geht. Meistens ist er ungefährlich, wenn er aber Hunger hat, greift er an.

Bjørnøya — l'île de l'Ours — située tout au sud de l'archipel du Spitzberg, est aride et déserte. Ses seuls habitants sont le personnel d'une station météorologique. Alors qu'il n'y pousse qu'une herbe rare et quelques petites plantes aux fleurs vivement colorées, l'île est peuplée de nombreux oiseaux de mer. Il arrive aussi parfois qu'un ours pris de curiosité quitte la banquise et s'aventure dans l'île. En règle générale les ours ne sont pas dangereux, mais lorqu'ils sont affamés ils passent à l'attaque.

På Svalbard bor det ca. 1100 nordmenn, de fleste i Longyearbyen (nederst). I Barentsburg og Pyramiden har russerne sine samfunn med tilsammen vel 2000 mennesker.
Like ved bebyggelsen kan en treffe polarrev og svalbardrein.

About 1100 Norwegians live on Svalbard, most of them in Longyearbyen (bottom), while 2000 Russians live and work in the Soviet Union's two settlements, Barentsburg and Pyramiden. Arctic foxes and reindeer haunt the outskirts of these small communities.

Auf Svalbard wohnen ca. 1100 Norweger, die meisten in Longyearbyen (unten). In Barentsburg und Pyramiden haben die Russen ihre Ansiedelung mit insgesamt gut 2000 Menschen. Ganz in der Nähe kann man Polarfüchse und Svalbard-Rentiere antreffen.

Environ 1100 Norvégiens habitent le Spitzberg, la Plupart dans la ville de longyear (en bas). A Barentsburg et à Pyramiden les Russes ont établi leurs colonies, comptant au total 2000 personnes. Le renard polaire et le renne du Spitzberg s'aventurent à proximité des habitations.

Fuglefjell på Bjørnøya.

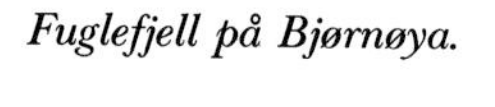

Bird rock, Bjornøya.

Vogelfelsen auf der Bäreninsel.

Rocher aux oiseaux de l'île de l'Ours.

Den norske befolkningen på Svalbard lever av kullgrubedrift i Longyearbyen og prøvedrift i Sveagruben. Tilsammen blir det utvunnet ca. 500 000 tonn kull pr. år i norsk sektor. Når driften i Svea kommer i full gang, vil volumet kunne økes betraktelig.

The Norwegians on Svalbard mostly work in the coal mines of Longyearbyen and Svea, from which a total of 500 000 tons of coal is extracted annually. Once the Svea mine is working to capacity, output will considerably increase.

Die norwegische Bevölkerung auf Svalbard lebt vom Kohlengrubenbetrieb in Longyearbyen sowie Probebetrieb in der Sveagrube. Insgesamt werden im norwegischen Sektor ca. 500.000 Tonnen Kohle pro Jahr gewonnen. Wenn der Betrieb in Svea voll in Gang kommt, wird sich das Volumen beträchtlich steigern lassen.

La population norvégienne du Spitzberg y vit de l'exploitation des mines de la ville de Longyear et des explaitations d'essai de la mine de Svea. Dans le secteur norvégien environ 500 000 tonnes de charbon sont extraites par an. Lorsque l'exploitation de Svea donnera son plein rendement, ce volume augmentera considérablement.

Areal og befolkning

Norge	386.963 km²
Svalbard og Jan Mayen	63.080 km²
Norge ekskl. Svalbard og Jan Mayen	323.883 km²

Folketall 4.198.637.

Sysselsetting etter næring

	1986 Årsverk	1987 Brutto-nasjonalprodukt mill. kr.
Jord- og skogbruk	101	13406
Fiske og fangst	24	4583
Olje- og gassutvinning	14	62875
Bergverksdrift Industri	345	77346
Kraft- og vannforsyning	19	20541
Bygg- og anleggsvirksomhet	154	29013
Varehandel	249	52086
Hotell- og restaurantdrift	45	7898
Sjøtransport	24	8545
Annen samferdsel	152	30989
Bank og finans Forretningsmessige ytelser	272	77829
Eiendomsdrift	4	20435
Offentlige, sosiale og private tjenesteytelser	427	77046
I alt medregnet korreksjonsposter	1829	519154

Opplysningene er gitt av Statistisk Sentralbyrå 1988

Area an Population

Norway	386.963 km²
Svalbard and Jan Mayen	63.080 km²
Norway excl. Svalbard and Jan Mayen	323.883 km²

Population 4.198.637.

Occupational Breakdown

	1986 1,000 man-years	1987 Gross national product in millions of NKr.
Agriculture and forestry	101	13406
Fishing, whaling, sealing	24	4583
Crude petroleum and gas production	14	62875
Mining and quarrying Manufacturing	345	77346
Electricity, gas, and water supplies	19	20541
Building and construction	154	29013
Wholesale and retail trades	249	52086
Hotels and catering	45	7898
Water transport	24	8545
Other transport and communications	152	30989
Finance and insurance Business service	272	77829
Real estate	4	20435
Public, social, and personal services	427	77046
Total ajusted as a appropriate	1829	519154

Source: Central Bureau of Statistics, 1988

Areal und Bevölkerung

Norvegen	386.963 km²
Svalbard und Jan Mayen	63.080 km²
Norvegen ohne Svalbard und Jan Mayen	323.883 km²

Bevölkerungszahl 4.198.637.

Beschäftigung nach Gewerbezweigen

	1986 1000 Jahresarbeit	1987 Brutto-Sozialprodukt Mill. Kr.
Land- und Forstwirtschaft	101	13406
Fang und Rischerei	24	4583
Öl- und Gasgewinnung	14	62875
Bergbau Industrie	345	77346
Kraft- und Wasserversorgung	19	20541
Bautätigkeit u. dgl.	154	29013
Warenhandel	249	52086
Hotel und Restauration Betrieb	45	7898
Seetransport	24	8545
Sonstige Verkhrstätigkeit	152	30989
Bankwesen und Finanzwirtschaft Geschäftsmässige Leistungen	272	77829
Grundstrückswesen	4	20435
Öffentliche, soziale und private Diensteleistungen	427	77046
Insgesamt bei allem Korrektionskosten einberechnet	1829	519154

Obiges sind Angaben des Statistischen Zentralbüros 1988

Superficie et population

Norvège	386.963 km²
Spitzberg et Jan Mayen	63.080 km²
Norvège, Spitzberg et Jan Mayen non compris	323.883 km²

Population 4.198.637.

Activité économique

	1986 1000 années de travail	1987 Produit brut en millions de couronnes
Agricolture et exploitation forestière	101	13406
Pêche	24	4583
Exploitation de pétrole et de gaz	14	62875
Exploitation minière Industrie	345	77346
Electricite, gaz et service de distribution d'eau	19	20541
Bâtiment et construction	154	29013
Commerce	249	52086
Restauration et Hotellerie	45	7898
Transport maritimes	24	8545
Autres transports	152	30989
Banque et finance Services commerciaux	272	77829
Gestion immobilière	4	20435
Services publics et sociaux	427	77046
Total corrigè	1829	519154

Renseignements fournis par le Bureau Central de Statistique 1988

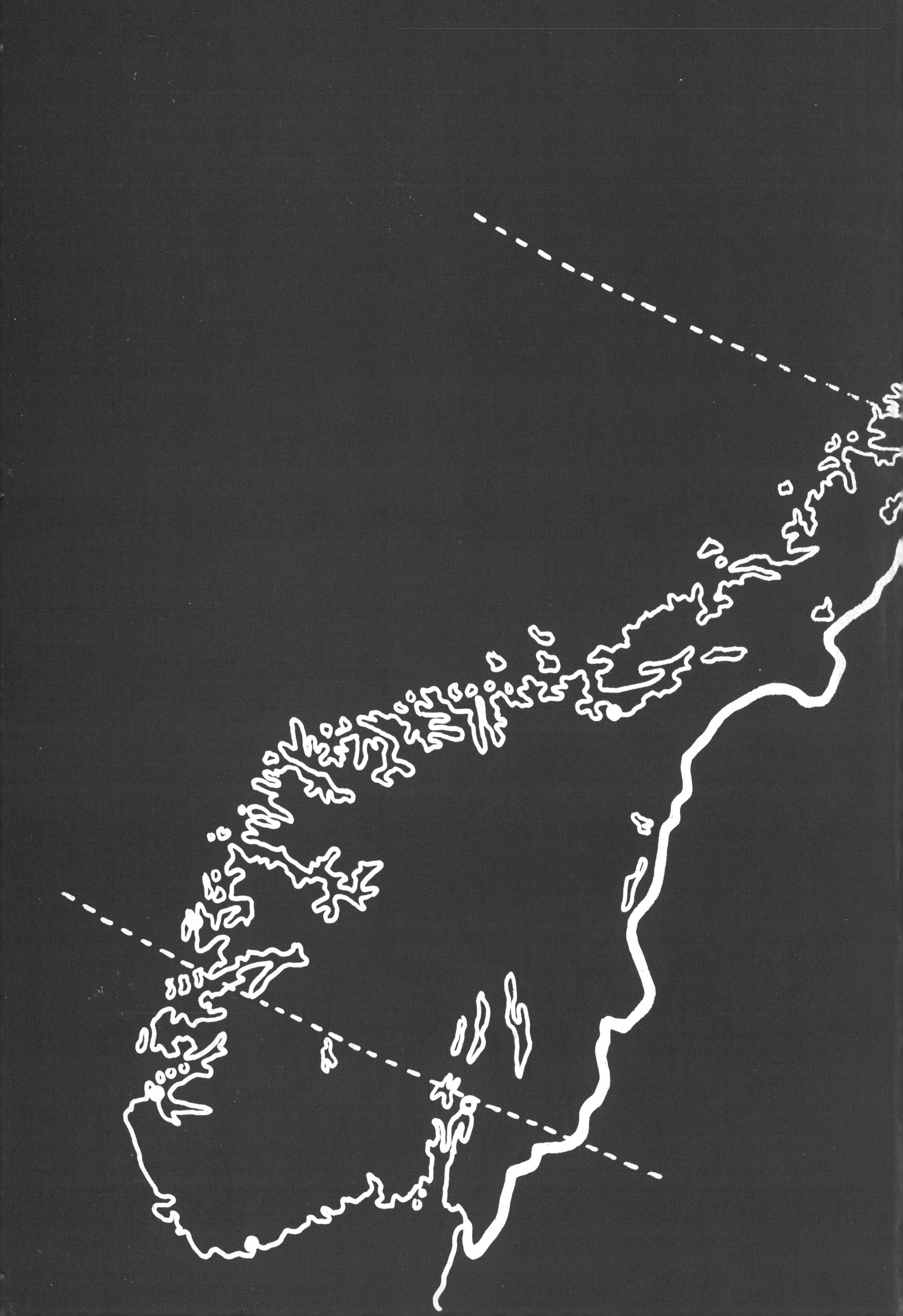